当代中国微记录

GLIMPSES OF CONTEMPORARY CHINA

「校园内外」

Cosmopolitan Life in Modern China

李禄兴　主编
李禄兴　李晓岑　编著

Chief compiler: Li Luxing
Compilers: Li Luxing Li Xiaocen

Sinolingua
华语教学出版社

First Edition 2019

ISBN 978-7-5138-1638-0

Published by Sinolingua Co., Ltd
24 Baiwanzhuang Road, Beijing 100037, China
Tel: (86)10-68320585 68997826
Fax: (86)10-68997826 68326333
http://www.sinolingua.com.cn
E-mail: hyjx@sinolingua.com.cn
Facebook: www.facebook.com/sinolingua
Printed by Beijing Xicheng Printing Co. Ltd

Printed in the People's Republic of China

编者的话

近年来，中国在国际上的影响力逐渐增强，很多人渴望了解中国，不仅想了解中国的古老文明，更希望了解当下的中国社会和普通中国人的日常生活。另外，随着孔子学院和孔子课堂在世界各地生根，大量学生，特别是中小学生在学习汉语过程中希望通过语言学习更直接地认识这个古老国家的今天是什么样子的。同时，笔者根据在海外多年的教学经历也体会到，如果一个学生对使用该语言的国家一无所知或知之不多，往往会影响他们对这种语言的学习兴趣。

了解中国，从细微处开始，于是有了这套“当代中国微记录”。这套书共10册，每一册着重介绍中国的某一方面，例如：饮食、交通、家庭，等等，针对新HSK水平考试5级以上汉语学习者，尽可能将词汇量限定在2500-3000范围以内，超范围词汇在词后直接加英文注释，以方便学习者阅读和理解。本套书以平民的视角、平实的语言和家长里短的故事性叙述，将当今中国的各个侧面展现在汉语学习者面前，汉语学习者可以边学汉语边达到了解现实中国的目的。为减轻学习者的畏难心理负担，每册书只有大概一万多汉字，并全部配有汉语拼音，附赠的拼音隐形卡可以给不需要拼音辅助的学习者提供帮助。书中有大量图片，便于学习者理解内容，对中国有更直观的认知。这套书可以作为孔子学院或孔子课堂的汉语教材使用，也可以做中国国情课的教材或汉语课外读物。

感知中国，从“当代中国微记录”开始！

编　者

目录 | CONTENTS

001 小学生的上学路

007 校服 = 运动服?

013 忙碌的小学生

019 给孩子选个好学校

023 中国式家长会

029 放假喽!

035 高三学生的一天

042 高考总动员

050 快乐的体育课

056 住宿生的生活

xiǎoxuéshēng de Shàngxuélù
小学生的上学路

Wáng Xiǎoxīn gāng shàng xiǎoxué èr niánjí , zhè jǐ tiān tā kě
王 小欣刚 上 小学二年级，这几天她可

gāoxìng le . Bàba zuótiān mǎile xīn qìchē , měi tiān fàngxué de
高兴了。爸爸昨天买了新汽车，每天放学的

shíhou , bàba dōu kāizhe xīn qìchē lái jiē tā . Bàba shuō : “ Zhè
时候，爸爸都开着新汽车来接她。爸爸说：“这

liàng qìchē jiùshì wèi nǐ mǎi de . ”
辆 汽车就是为你买的。”

Xiǎoxīn de jiā lí xuéxiào bìng bù yuǎn , dàgài sì-wǔ gōnglǐ de
小欣的家离学校 并不远，大概四五公里的

jùlí . Gāng shàngxué de shíhou , bàba měi tiān qí zìxíngchē jiē
距离。刚上学的时候，爸爸每天骑自行车接
sòng tā . Rúguǒ yùdào guā fēng xià yǔ de tiānqì , bàba jiù dài tā
送她。如果遇到刮风下雨的天气，爸爸就带她
zuò gōnggòng qìchē . Xiǎoxīn shuō : " Wǒ yǐjīng suì le , kěyǐ
坐公共汽车。小欣说："我已经7岁了，可以
zìjǐ zuò gōnggòng qìchē shàngxué le . " Búguò fùmǔ zǒngshì
自己坐公共汽车上学了。"不过父母总是
bú fàngxīn , zài fùmǔ yǎn li , suì de tā dāngrán háishi yí gè
不放心，在父母眼里，7岁的她当然还是一个
shénme dōu bù dǒng de háizi . Zàishuō , lùshang chē zhème duō ,
什么都不懂的孩子。再说，路上车这么多，
wànyī fāshēng ānquán wèntí zěnmebàn ? Rújīn dàbùfen jiātíng
万一发生安全问题怎么办？如今大部分家庭
zhǐyǒu yí gè háizi , fùmǔ dōu ná tāmen dàng bǎobèi .
只有一个孩子，父母都拿他们当宝贝。

Zhōngguó de xiǎoxué dōu cǎiqǔ jiùjìn rùxué de
中国的小学都采取就近(nearby)入学的
yuánzé . Yě jiù shì shuō , háizi kěyǐ zài lí jiā zuì jìn de xiǎoxué
原则。也就是说，孩子可以在离家最近的小学
dúshū , suǒyǐ yǒu hěn duō háizi shì zìjǐ zǒulù shàngxué de .
读书，所以有很多孩子是自己走路上学的。
Dàn jíshǐ zhèyàng , jiāzhǎng yě yào qù jiē , yóuqí shì xiǎoxué
但即使这样，家长也要去接，尤其是小学
yī , èr niánjí de háizi . Xuéxiào yě yāoqiú lǎoshī zhǐyǒu jiàn dào
一、二年级的孩子。学校也要求老师只有见到
jiāzhǎng , cái kěyǐ ràng háizi líkāi xuéxiào . Rúguǒ gǎnshàng
家长，才可以让孩子离开学校。如果赶上

jiāzhǎng yǒu shì, bù néng jíshí dào xuéxiào jiē háizi, nàme,
家长有事，不能及时到学校接孩子，那么，
háizi kěyǐ zài xuéxiào děngzhe, huòzhě zài jiàoshì li xiě zuòyè.
孩子可以在学校等着，或者在教室里写作业。
Jiāzhǎng yě kěyǐ wěituō biéren qù jiē, dàn yídìng yào gēn
家长也可以委托别人去接，但一定要跟
lǎoshī jiǎnghǎo, gēn háizi jiǎnghǎo. Lǎoshī yào zǐxì xúnwèn
老师讲好，跟孩子讲好。老师要仔细询问 (to
lái jiē háizi de rén, quèdìng méiyǒu wèntí hòu, cái huì
enquire) 来接孩子的人，确定没有问题后，才会
bǎ háizi jiāogěi tā.
把孩子交给他。

Xiànzài rénmen yuèláiyuè fùyù le, zhèxiē nián qí
现在人们越来越富裕 (well-off) 了，这些年骑
zìxíngchē jiēsòng háizi de hěn shǎo le, hěn duō jiātíng dōu yǒule
自行车接送孩子的很少了，很多家庭都有了

qìchē， yǒude jiātíng hái bùzhǐ yí liàng. Bàba māmā shuí yǒu
汽车，有的家庭还不止一辆。爸爸妈妈谁有
shíjiān， shuí jiù jiēsòng háizi. Háiyǒu de shì tuìxiū de yéye nǎinai
时间，谁就接送孩子。还有的是退休的爷爷奶奶
huòzhě lǎoye lǎolao fùzé jiēsòng. Rújīn Xiǎoxīn zhōngyú kěyǐ zuò
或者姥爷姥姥负责接送。如今小欣终于可以坐
qìchē shàngxué le， zhèyàng tā jiù zài yě bú pà guā fēng xià yǔ le.
汽车上学了，这样她就再也不怕刮风下雨了。

Yóuyú hěn duō xuéxiào yāoqiú qī diǎn bàn jiù yào dào， suǒyǐ
由于很多学校要求七点半就要到，所以
háizimen qǐ de hěn zǎo. Yóuqí shì dōngtiān， tiān hái bú liàng，
孩子们起得很早。尤其是冬天，天还不亮，
lùshang jiù yǒu hěn duō háizi le， xuéxiào ménkǒu yě fēicháng rènao
路上就有很多孩子了，学校门口也非常热闹
le. Zǎochén diǎn zuǒyòu de gōnggòng qìchē shang， yě néng
了。早晨7点左右的公共汽车上，也能
jiàndào hěn duō chuānzhe xiàofú de háizi.
见到很多穿着校服的孩子。

Zǒng qǐlai shuō， zǎochen shàngxué de shíhou， jīběn
总起来说，早晨上学的时候，基本
shang jiùshì zhè jǐ zhǒng qíngkuàng： dì-yī， zǒulù
上就是这几种情况：第一，走路
lái. Yǒude shì háizi zìjǐ zǒu lái de， yǒude shì jiāzhǎng
来。有的是孩子自己走来的，有的是家长
péi háizi zǒu lái de， yǒude shì jǐ gè xiǎopéngyou yìqǐ zǒu
陪孩子走来的，有的是几个小朋友一起走
lái de. Dì-èr， zuòchē lái. Yǒude shì fùmǔ kāichē sòng
来的。第二，坐车来。有的是父母开车送

guòlái de, yǒude shì zìjǐ zuò gōngjiāo lái de, yǒude
过来的，有的是自己坐公交来的，有的

shì jiāzhǎng péizhe zuò gōngjiāo de, yǒude shì zuò xiàochē lái
是家长陪着坐公交的，有的是坐校车来

de. Dì-sān, qí zìxíngchē. Yǒude shì jiāzhǎng qí zìxíngchē
的。第三，骑自行车。有的是家长骑自行车

dài háizi lái de, yǒude shì xuésheng zìjǐ qí zìxíngchē lái de.
带孩子来的，有的是学生自己骑自行车来的。

Gēnjù Zhōnghuá Rénmín Gònghéguó Dàolù Jiāotōng Guǎnlǐ Tiáolì
根据《中华人民共和国道路交通管理条例》

guīdìng, wèi mǎn shí'èr suì de értóng bùzhǔn zài dàolù shang qí
规定，未满十二岁的儿童不准在道路上骑

zìxíngchē. Suǒyǐ zìjǐ qíchē shàngxué yìbān yào dào zhōngxué
自行车。所以自己骑车上学一般要到中学

yǐhòu cái kěyǐ.
以后才可以。

Bùguǎn yòng shénme fāngfǎ dào xuéxiào， ānquán shì dì-yī wèi
不管用什么方法到学校，安全是第一位

de． Bǎozhèng xuésheng ānquán de láidào xuéxiào， ānquán de
的。保证学生安全地来到学校，安全地

huídào jiā zhōng， shì zuì zhòngyào de shìqing． Wèile bǎozhèng
回到家中，是最重要的事情。为了保证

xuéshengmen de ānquán， hěn duō xiǎoxuéshēng shàngxué dōu yào
学生们的安全，很多小学生上学都要

dàishàng yì dǐng xiǎohuángmào， zhèyàng tāmen jiù gèng róngyì bèi
戴上一顶小黄帽，这样他们就更容易被

sījī zhùyì， yǐmiǎn fāshēng jiāotōng shìgù． Zhèxiē xiǎohuángmào
司机注意，以免发生交通事故。这些小黄帽

jīběn shang dōu shì miǎnfèi fāgěi xuésheng de， xuéxiào yě yāoqiú
基本上都是免费发给学生的，学校也要求

tāmen měi tiān zài shàngxué hé fàngxué de lù shang dàizhe． Xiànzài，
他们每天在上学和放学的路上戴着。现在，

fánshì pèidài yǒu xiǎohuángmào de xuésheng， dōu huì yōngyǒu yífèn
凡是佩戴有小黄帽的学生，都会拥有一份

“quánguó zhōngxiǎo xuésheng jiāotōng ānquán yìwài shānghài xiǎn”．
“全国中小学生交通安全意外伤害险”。

Xiàofú = Yùndòngfú ?
校服＝运动服？

Zǒu zài dàjiē shang, nǐ huì jīngcháng pèngdào hěn duō chuānzhe xiàofú de zhōngxuéshēng hé xiǎoxuéshēng.
走在大街上，你会经常碰到很多穿着校服(school uniform)的中学生和小学生。

Zài Zhōngguó, cóng xiǎoxué kāishǐ, xuésheng jiùyào chuān tǒngyī de xiàofú shàngxué. Xiàofú shì xuéxiào tǒngyī wèi xuésheng
在中国，从小学开始，学生就要穿统一的校服上学。校服是学校统一为学生

zhìzuò de . Xiàofú bú guì , bǐ shìchǎng shang hěn duō
制作 (to make) 的。校服不贵，比市场上很多
yīfu dōu piányi , érqiě xiàofú de zhìliàng yě búcuò . Wèi shénme
衣服都便宜，而且校服的质量也不错。为什么
yào chuān xiàofú ne ? Yī shì kàn qǐlai tǒngyī , rúguǒ xuéxiào jǔxíng
要穿校服呢？一是看起来统一，如果学校举行
huódòng , dàjiā dōu chuān yíyàng de yīfu , kàn shàngqu zhěngqí
活动，大家都穿一样的衣服，看上去整齐
yízhì . Lìng yí gè yuányīn shì xiànzài xuésheng de jiātíng tiáojiàn
一致。另一个原因是现在学生的家庭条件
yuèláiyuè hǎo , yǒuxiē jiāzhǎng huì gěi háizi mǎi hěn duō míngpái
越来越好，有些家长会给孩子买很多名牌
yīfu , zhè huì zàochéng xuésheng zhījiān hùxiāng pānbǐ
衣服，这会造成学生之间互相攀比 (strive to
, dàilái bù hǎo de fēngqì . Zài xuéxiào
keep up with each other)，带来不好的风气。在学校

chuān tǒngyī de fúzhuāng, jiù bìmiǎn le zhège wèntí.
穿统一的服装，就避免 (to avoid) 了这个问题。

Dì-sān gè yuányīn shì kěyǐ hěn qīngchu de biànbié
第三个原因是可以很清楚地辨别 (to distinguish)

xuésheng de xuéxiào, yīnwèi měi gè xuéxiào de xiàofú yánsè,
学生的学校，因为每个学校的校服颜色、

yàngshì děng dōu shì bùtóng de, shàngmian hái yìnzhe xuéxiào de
样式等都是不同的，上面还印着学校的

míngzi.
名字。

Yǒuxiē háizi hěn xǐhuan xiàofú, juéde xiàofú shì yì zhǒng
有些孩子很喜欢校服，觉得校服是一种

jiāo'ào, yóuqí shì míngpái zhōng-xiǎoxué de xuésheng. Dàn
骄傲 (pride)，尤其是名牌中小学的学生。但

yǒuxiē háizi rènwéi xiàofú tài dāndiào le, dàjiā dōu chuān
有些孩子认为校服太单调 (dull) 了，大家都穿

yíyàng de yīfu, jiù xiǎnshì bù chū gèxìng le.
一样的衣服，就显示不出个性了。

Cóng zhōu yī dào zhōu wǔ, xuésheng yīnggāi chuān xiàofú
从周一到周五，学生应该穿校服

shàngxué. Xiàofú yǒu hěn duō bùtóng de zhǒnglèi, yùndòngzhuāng,
上学。校服有很多不同的种类，运动装、

zhèngshì fúzhuāng, duǎnxiù de, chángxiù de děngděng. Xiàofú
正式服装、短袖的、长袖的等等。校服

de yánsè dàduō yǐ yì zhǒng yánsè wéizhǔ, pèi shàng
的颜色大多以一种颜色为主，配 (to match) 上

qítā de yánsè. Lìrú yǒude xiàofú yǐ báisè wéi zhǔ, pèi shàng
其他的颜色。例如有的校服以白色为主，配上

hóngsè de xiàntiáo . Yǒude xiàofú yǐ lánsè wéizhǔ , pèishàng báisè
红色的线条。有的校服以蓝色为主，配上白色

huòzhě hóngsè de xiàntiáo . Píngshí xuéshengmen zhǔyào shì chuān
或者红色的线条。平时学生们主要是穿

yùndòngfú , yīnwèi yùndòngfú néng chōngfèn xiǎnshì háizimen de
运动服，因为运动服能充分显示孩子们的

huólì , yě biànyú tāmen yùndòng . Xiàofú yě yǒu zhìfú
活力，也便于他们运动。校服也有制服 (uniform)

shì de zhèngshì fúzhuāng , chuān zhèngshì fúzhuāng de jīhuì bù
式的正式服装，穿正式服装的机会不

duō , zhǔyào shì kāixué huòzhě yǒu zhòngdà huódòng de shíhou
多，主要是开学或者有重大活动的时候

cái chuān .
才穿。

Xiǎolì jīnnián suì , shì chū èr niánjí de xuésheng . Tā
小丽今年 13 岁，是初二年级的学生。她

píngshí fēicháng ài měi , cóngxiǎo jiù xǐhuan gèshì gèyàng de
平时非常爱美，从小就喜欢各式各样的

piàoliang yīfu . Xiǎolì zuì xǐhuan chuān qúnzi , yīnwèi tā shēncái
漂亮衣服。小丽最喜欢穿裙子，因为她身材

hěn hǎo , chuānshàng qúnzi xiǎnde fēicháng piàoliang . Dàn ràng
很好，穿上裙子显得非常漂亮。但让

tā kǔnǎo de shì xiàofú dōu shì yùndòngzhuāng ,
她苦恼 (distressed) 的是校服都是运动装，

nǚháizi yě yíyàng . Yīnwèi háizimen zhèngzài zhǎng shēntǐ , suǒyǐ
女孩子也一样。因为孩子们正在长身体，所以

yùndòngzhuāng zuò de bǐjiào féidà , chuānzhe féiféi dàdà de
运动装做得比较肥大，穿着肥肥大大的

yùndòng kù， Xiǎolì zǒng juéde bù shūfu. Ér yìxiē nánháizi
运动裤，小丽总觉得不舒服。而一些男孩子

jiù bùtóng le， tāmen hěn xǐhuan chuān yùndòngzhuāng， xiàkè hòu
就不同了，他们很喜欢穿运动装，下课后

dǎqiú， pǎobù jiù búyòng zài huàn yīfu le. Rúguǒ tiāntiān chuān
打球、跑步就不用再换衣服了。如果天天穿

xīfú， háiyào dǎ lǐngdài， duō bù fāngbiàn a. Xuéxiào yě rènwéi，
西服，还要打领带，多不方便啊。学校也认为，

yùndòngzhuāng kěyǐ tǐxiàn háizimen qīngchūn， chōngmǎn huólì
运动装可以体现孩子们青春、充满活力

de yímiàn， érqiě yùndòng zhuāng chuān qǐlai bǐjiào suíyì，
的一面，而且运动装穿起来比较随意，

yě hǎo qīngxǐ.
也好清洗。

Xiànzài， yǒuxiē xuéxiào kāishǐ shèjì gèng
现在，有些学校开始设计(to design)更

gèxìnghuà de xiàofú, yǒuxiē xuéxiào yě ràng xuésheng cānyù xiàofú
个性化的校服，有些学校也让学生参与校服
de shèjì. Xuéxiào xīwàng xuéshengmen xǐhuan xiàofú, yuànyì
的设计。学校希望学生们喜欢校服，愿意
chuān xiàofú.
穿校服。

Zhōumò hé jié-jiàrì háizimen jiù búyòng chuān xiàofú le.
周末和节假日孩子们就不用穿校服了。
Tāmen kěyǐ chuān fùmǔ gěi zìjǐ mǎi de yīfu, yě kěyǐ
他们可以穿父母给自己买的衣服，也可以
gēn fùmǔ dào shāngchǎng mǎi zìjǐ xǐhuan de yīfu. Yóuqí shì
跟父母到商场买自己喜欢的衣服。尤其是
gāozhōngshēng, tāmen zhèng chǔyú qīngchūnqī, zìwǒ yìshi
高中生，他们正处于青春期，自我意识
zhújiàn zēngqiáng, fēicháng zhùyì zìjǐ de xíngxiàng yǐjí zìjǐ
逐渐增强，非常注意自己的形象以及自己
zài biéren yǎn zhōng de xíngxiàng, suǒyǐ yě huì gēn jiāzhǎng yāoqiú
在别人眼中的形象，所以也会跟家长要求
mǎi xiē míngpái fúzhuāng, zài zhōumò dǎban dǎban zìjǐ.
买些名牌服装，在周末打扮打扮自己。

Mánglù de Xiǎoxuéshēng
忙碌的小学生

Zhào Xīnxīn shì gè cōngming yòu kě'ài de nǚháir, xiànzài
赵心心是个聪明又可爱的女孩儿，现在

shàng xiǎoxué sì niánjí. Biékàn zhǐyǒu xiǎoxué sì niánjí, tā
上小学四年级。别看只有小学四年级，她

měi tiān yào zuò de shìqing hěn duō. Yígè xīngqī li chúle zhōu sān
每天要做的事情很多。一个星期里除了周三

fàngxué hòu kěyǐ zhíjiē huíjiā, qíyú de rìzi dōu yào cānjiā
放学后可以直接回家，其余的日子都要参加

kèwài de xuéxíbān hé xìngqùbān. Zhōu yī xiàwǔ fàngxué hòu xiān
课外的学习班和兴趣班。周一下午放学后先

qù bǔxí shùxué , zhōu èr xué huàhuàr , zhōu sì bǔxí Yīngyǔ ,
去补习数学，周二学画画儿，周四补习英语，

zhōu wǔ xué wéiqí , zhōumò hái chángcháng qù xuéxí huòzhě bǐsài .
周五学围棋，周末还常常去学习或者比赛。

Jīntiān zhènghǎo shì xīngqīsān , tā méiyǒu kèwài de xuéxíbān hé
今天正好是星期三，她没有课外的学习班和

xìngqùbān , sì diǎnbàn cóng xuéxiào chūlai jiù huíjiā le , huíjiā
兴趣班，四点半从学校出来就回家了，回家

bǎ zuòyè zuòwán , zài yùxí yíxià míngtiān de gōngkè , ránhòug jiù
把作业做完，再预习一下明天的功课，然后就

kāishǐ kàn kèwàishū . Tā zuì xǐhuan dú wàiguó de tónghuà gùshi
开始看课外书。她最喜欢读外国的童话故事(fairy

, fùmǔ gěi tā mǎile bùshǎo zhè fāngmiàn de shū . Tā juéde
tale)，父母给她买了不少这方面的书。她觉得

kěyǐ zìyóu de xuǎnzé zìjǐ xǐhuan de shū , shì zuì kāixīn de shì
可以自由地选择自己喜欢的书，是最开心的事

le . Zhào Xīnxīn cóng shàng yòu'éryuán shí jiù kāishǐ xué huàhuàr
了。赵心心从上幼儿园时就开始学画画儿

le , jīhū měi gè zhōumò , māma dōu dài tā qù yèyú xuéxiào
了，几乎每个周末，妈妈都带她去业余学校

xuéxí , qǐng dào jiā li de lǎoshī yě bù zhīdào yǒu duōshao gè le .
学习，请到家里的老师也不知道有多少个了。

Yǒu yí duàn shíjiān , tā bú ài huà le , shènzhì bǎ bǐ , yánliào
有一段时间，她不爱画了，甚至把笔、颜料

dōu rēngdiào le . Bàba māma shénme bànfǎ dōu yòng
(pigment)都扔掉了。爸爸妈妈什么办法都用

guo le , gǔlì , xiàhu , zhuāng kělián . Jīngguò
过了，鼓励，吓唬(to frighten)，装可怜。经过

hěn cháng shíjiān, tā zǒngsuàn yòu tóngyì huàhuàr le. Zhào
很长时间，她总算又同意画画儿了。赵
Xīnxīn de māma shuō: “Dài háizi xué huàhuàr, bǐ wǒ zìjǐ xué
心心的妈妈说：“带孩子学画画儿，比我自己学
dōu lèi.” Rújīn, tā de zuòpǐn yǐjīng huòguo hěn duō jiǎng, zài
都累。”如今，她的作品已经获过很多奖，在
bàozhǐ shang, zázhì shang fābiǎoguo hěn duō fú.
报纸上、杂志上发表过很多幅。

Hěn duō háizi dōu xiàng Zhào Xīnxīn yíyàng, chúle shàngkè
很多孩子都像赵心心一样，除了上课
yǐwài, háiyào shàng gèzhòng gèyàng de bǔxíbān hé xìngqùbān.
以外，还要上各种各样的补习班和兴趣班。
Jiāzhǎngmen juéde, xiànzài shèhuì jìngzhēng zhème jīliè
家长们觉得，现在社会竞争这么激烈
, háizi zǎo xué yìdiǎnr, duō xué yìdiǎnr, duì
(intense)，孩子早学一点儿、多学一点儿，对
tā de wèilái shì yǒu hǎochù de. “Yíqiè wèile háizi”, hěn duō
他的未来是有好处的。“一切为了孩子”，很多
jiāzhǎng dōu shì zhème xiǎng de. Háizi shàng yòu’éryuán de shíhou,
家长都是这么想的。孩子上幼儿园的时候，
jiāzhǎng jiù ràng háizi xuéxí xiǎoxué de kèchéng le. Děngdào shàng
家长就让孩子学习小学的课程了。等到上
xiǎoxué sì-wǔ niánjí de shíhou, jiù ràng háizi xuéxí zhōngxué
小学四五年级的时候，就让孩子学习中学
kèchéng le, zhèyàng de háizi jiù yǒngyuǎn bǐ biéde háizi dǒngde
课程了，这样的孩子就永远比别的孩子懂得
duō, huì de duō, chéngjì dāngrán jiù huì hǎo, jiānglái shēngrù
多，会得多，成绩当然就会好，将来升入

zhòngdiǎn zhōngxué de jīhuì jiù hěn dà . Jiāzhǎngmen dōu xiāngxìn
重点中学的机会就很大。家长们都相信
zhèyàng yí jù huà : bú ràng háizi shū zài qǐpǎoxiàn shang . Tāmen
这样一句话：不让孩子输在起跑线上。他们
xiǎng jǐnliàng ràng háizi yǒu gè hǎode qǐdiǎn . Zhèyàng yì lái ,
想尽量让孩子有个好的起点。这样一来，
háizimen de rènwu jiù jiāzhòng le , xiūxi hé yúlè de shíjiān
孩子们的任务就加重了，休息和娱乐的时间
jiǎnshǎo le , měi tiān yào wánchéng gèzhǒng gèyàng de zuòyè , suǒyǐ
减少了，每天要完成各种各样的作业，所以
xiànzài de háizi chángcháng juéde hěn lèi . Hěn duō háizi xīwàng
现在的孩子常常觉得很累。很多孩子希望
fàngxué hòu néng qīngsōng yìxiē , zìyóu yìxiē . Jiàoyùxuéjiā yě
放学后能轻松一些，自由一些。教育学家也
zài tíxǐng jiāzhǎng , yīnggāi duō guānxīn háizi
在提醒 (call attention to) 家长，应该多关心孩子

de xīnlǐ jiànkāng, shēntǐ jiànkāng, guānxīn háizi zài chéngzhǎng
的心理健康、身体健康，关心孩子在成长

zhōng yùdào de wèntí, búyào gěi háizi zēngjiā tài duō de fùdān.
中遇到的问题，不要给孩子增加太多的负担。

Duìyú miànlín xiǎoxué shēng chūzhōng, chūzhōng shēng gāo
对于面临小学升初中、初中升高

zhōng, gāozhōng shēng dàxué de háizimen láishuō, fàngxué hòu de
中、高中升大学的孩子们来说，放学后的

zìyóu shíjiān jiù huì gèng shǎo. Zhèxiē tiān, Zhāng Tiān de māma jiù
自由时间就会更少。这些天，张天的妈妈就

hěn zháojí, bú wèi biéde, jiù wèi háizi fàngxuéhòu bú ài xuéxí.
很着急，不为别的，就为孩子放学后不爱学习。

Māma xiǎng, xiǎoshíhou háizi suīrán shàngle bùshǎo de shùxuébān,
妈妈想，小时候孩子虽然上了不少的数学班、

yīngyǔbān, dàn dōu méiyǒu jiānchí xiàlai. Xiànzài kuài shēng
英语班，但都没有坚持下来。现在快升

chūzhōng le, zài gěi háizi bàomíng, cānjiā yìxiē kèwài de
初中了，再给孩子报名，参加一些课外的

xuéxíbān, bǎ tā de xuéxí chéngjì gǎo shàngqu, yěxǔ hái
学习班，把他的学习成绩搞上去，也许还

láidejí. Yúshì tā huíjiā gēn Zhāng Tiān shāngliang, xīwàng tā
来得及。于是她回家跟张天商量，希望他

fàngxuéhòu, zài jiānchí xuéxí jǐ gè xiǎoshí, búyào nàme tānwán.
放学后，再坚持学习几个小时，不要那么贪玩。

Dànshì Zhāng Tiān bù tóngyì zhèzhǒng zuòfǎ, tā de bàba yě
但是张天不同意这种做法，他的爸爸也

fǎnduì. Zhāng Tiān shuō: "Wǒ yào zìyóu, xià kè hòu jiùshì wǒ
反对。张天说："我要自由，下课后就是我

de shíjiān, wǒ xiǎng zuò shénme děi wǒ shuōle suàn." Bàba shuō:
的时间，我想做什么得我说了算。"爸爸说：

"Rúguǒ háizi bú yuànyì, zuìhǎo búyào bàomíng, yīnwèi rúguǒ
"如果孩子不愿意，最好不要报名，因为如果

zhèyàng, hěn nán dádào xiàoguǒ." Zhāng Tiān de māma tànzhe qì
这样，很难达到效果。"张天的妈妈叹着气

shuō: "Biéren de háizi fàngxué hòu dōu zài xuéxí, wǒmen bù néng
说："别人的孩子放学后都在学习，我们不能

là zài biéren hòumian ya." Dàodǐ yīnggāi ràng háizi
落 (lag behind) 在别人后面呀。"到底应该让孩子

fàngxué hòu xuéxí, háishi gěi háizi gèng duō zìyóu, māma hé
放学后学习，还是给孩子更多自由，妈妈和

bàba de yìjiàn bù yíyàng.
爸爸的意见不一样。

Dāngrán yě yǒu xiē jiāzhǎng bǐjiào zūnzhòng háizi
当然也有些家长比较尊重 (to respect) 孩子

de yìjiàn, gēnjù háizi de xìngqù hé àihào, yǒu xuǎnzé de
的意见，根据孩子的兴趣和爱好，有选择地

shàng yìxiē kèwài xuéxíbān hé xìngqùbān. Búguò gēnjù diàochá,
上一些课外学习班和兴趣班。不过根据调查，

xiànzài dàduōshù háizi dōu gǎnjué fùdān tài zhòng, yǒuguān bùmén
现在大多数孩子都感觉负担太重，有关部门

yě zài hūyù yīnggāi jiǎnshǎo jiātíng zuòyè, búyào gěi háizi shàng
也在呼吁应该减少家庭作业，不要给孩子上

gèzhǒng gèyàng de fǔdǎobān, yīnggāi gěi háizi de tóngnián gèng
各种各样的辅导班，应该给孩子的童年更

duō de kuàilè hé zìyóu.
多的快乐和自由。

Gěi Háizi Xuǎn Gè Hǎo Xuéxiào
给孩子选个好学校

Háizi jiānglái shàng nǎge xiǎoxué? Zhè shì měi gè jiāzhǎng dōu
孩子将来上哪个小学？这是每个家长都
hěn guānxīn de wèntí. Zài jiāzhǎng zhōng liúchuánzhe zhèyàng yí
很关心的问题。在家长中流传着这样一
jù huà: bù néng ràng háizi shū zài qǐpǎoxiàn shang. Suǒyǐ shàng
句话：不能让孩子输在起跑线上。所以上
shénme xuéxiào zhège wèntí, shènzhì zài háizi hái méi chūshēng de
什么学校这个问题，甚至在孩子还没出生的
shíhou, jiāzhǎng jiù yǐjīng kāishǐ guānxīn le.
时候，家长就已经开始关心了。

Zhōngguó rénkǒu duō, háizi yě duō, bǐcǐ zhījiān
中国人口多，孩子也多，彼此之间
de jìngzhēng jiù huì biànde fēicháng
的竞争就会变得非常
jīliè. Shàng yì suǒ hǎode xiǎoxué
激烈。上一所好的小学

yìwèizhe shénme? Tā yìwèizhe háizi kěyǐ jiēshòu hǎode jiàoyù,
意味着什么？它意味着孩子可以接受好的教育，

kěyǐ xiǎngshòu dào hǎode shīzī, hǎode jiàoxué
可以享受 (to enjoy) 到好的师资，好的教学

zīyuán, jiānglái hái kěyǐ shàng hǎode zhōngxué.
资源，将来还可以上好的中学。

Gōngsī zhíyuán Xiǎo Zhāng de háizi yǐjīng suì le, tā
公司职员小张的孩子已经4岁了，他

yào kǎolǜ liǎng nián hòu háizi shàng xiǎoxué de wèntí le. Ànzhào
要考虑两年后孩子上小学的问题了。按照

guīdìng, tā de háizi yīnggāi shàng tā jiā fùjìn de xiǎoxué. Dàn
规定，他的孩子应该上他家附近的小学。但

Xiǎo Zhāng hé tā de fùmǔ zé xīwàng háizi shàng yí gè gèng hǎo de
小张和他的父母则希望孩子上一个更好的

xiǎoxué. Yúshì, tāmen
小学。于是，他们

kāishǐ kǎochá nǎge xiǎoxué
开始考察哪个小学

tiáojiàn hǎo, lǎoshī hǎo,
条件好，老师好，

zěnyàng cáinéng jìnqu.
怎样才能进去。

Jīngguò jǐ gè yuè de kǎochá
经过几个月的考察

hé bǐjiào,
(to investigate) 和比较，

tāmen juéde yéye nǎinai jiā
他们觉得爷爷奶奶家

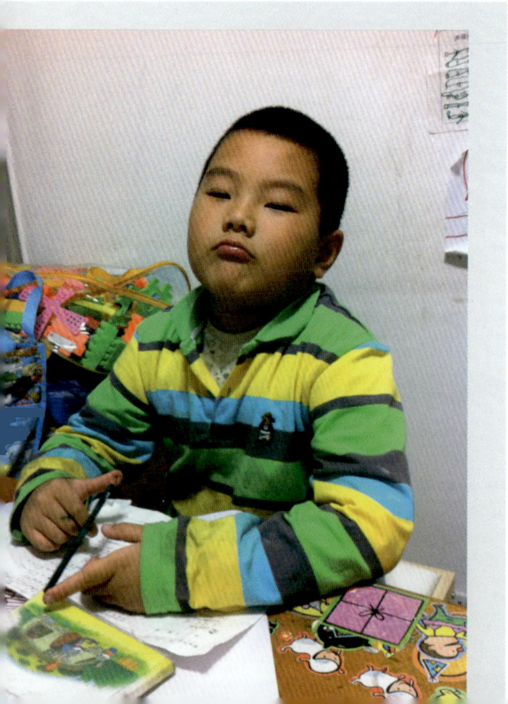

fùjìn de yì suǒ xiǎoxué búcuò . Yéye nǎinai yě xīwàng sūnzi néng
附近的一所小学不错。爷爷奶奶也希望孙子能

shàng zhè suǒ xiǎoxué , zhèyàng jiù kěyǐ jīngcháng kàndào sūnzi
上这所小学，这样就可以经常看到孙子

le .
了。

Ànzhào guīdìng , háizi dàole suì jiù kěyǐ shàng xiǎoxué .
按照规定，孩子到了6岁就可以上小学。

Háizi shàng xiǎoxué ànzhào “ jiùjìn ” de yuánzé . Yě jiùshì
孩子上小学按照“就近”的原则。也就是

shuō , háizi yào qù lí jiā zuì jìn de nà suǒ xuéxiào shàngxué .
说，孩子要去离家最近的那所学校上学。

Rúguǒ nà suǒ xuéxiào fēicháng hǎo , nàme dāngrán méi shénme
如果那所学校非常好，那么当然没什么

wèntí . Rúguǒ nà suǒ xuéxiào tiáojiàn yìbān huòzhě bú tài hǎo ,
问题。如果那所学校条件一般或者不太好，

yǒuxiē jiāzhǎng jiù bú yuànyì ràng háizi shàng . Tāmen huì xiǎng
有些家长就不愿意让孩子上。他们会想

gè zhǒng bànfǎ , ràng háizi shàng yí gè bǐjiào hǎo de xuéxiào .
各种办法，让孩子上一个比较好的学校。

Zài nóngcūn , rénmen jūzhù de bǐjiào fēnsàn .
在农村，人们居住得比较分散(scattered)。

Yìbān yí gè cūnzi yǒu yì suǒ xiǎoxué , jǐ gè cūnzi yǒu yì suǒ
一般一个村子有一所小学，几个村子有一所

zhōngxué . Dāngrán , zhèxiē xuéxiào de jiàoyù zhìliàng yǒude gāo ,
中学。当然，这些学校的教育质量有的高，

yǒude dī . Suízhe nóngcūn jīngjì tiáojiàn de gǎishàn , jiàoyù
有的低。随着农村经济条件的改善，教育

shuǐpíng yě zài búduàn tígāo, yǒuxiē rén yě kāishǐ wèi háizi kuà
水平也在不断提高，有些人也开始为孩子跨

cūn huòzhě kuà xiāng xuǎnzé xuéxiào.
(trans-, inter-) 村或者跨乡选择学校。

Zài Zhōngguó, xiǎoxué jiàoyù hé chūzhōng jiàoyù shǔyú yìwù
在中国，小学教育和初中教育属于义务

jiàoyù jiēduàn. Xiǎoxué nián, chūzhōng nián,
(compulsory) 教育阶段。小学6年，初中3年，

jiā qǐlai yígòng shì nián. Yě jiùshì shuō, rúguǒ háizi dàole
加起来一共是9年。也就是说，如果孩子到了

rùxué niánlíng, yīnggāi dào xuéxiào jiēshòu jiàoyù, ér zhège
入学年龄，应该到学校接受教育，而这个

jiēduàn de jiàoyù shì miǎn xuéfèi de. Huàn jù huà shuō, xuéfèi shì
阶段的教育是免学费的。换句话说，学费是

yóu zhèngfǔ chéngdān de.
由政府承担 (to bear) 的。

Shíjì shang, hǎode xuéxiào bù yídìng yìwèizhe hǎode jiānglái,
实际上，好的学校不一定意味着好的将来，

zhǔyào háishi yào kàn xuésheng zìjǐ de nǔlì. Dàn zài dàduōshù
主要还是要看学生自己的努力。但在大多数

jiāzhǎng kànlái, rúguǒ zìjǐ de háizi néng shàng yì suǒ hǎo
家长看来，如果自己的孩子能上一所好

xuéxiào, tā de rénshēng jiù huìyǒu yí gè hǎode kāishǐ.
学校，他的人生就会有一个好的开始。

Zhōngguóshì Jiāzhǎnghuì

中国式家长会

Lǎo Zhāng de háizi shàng chūzhōng èr niánjí le , zhège
老张的孩子上初中二年级了，这个
xīngqīsān tā yào qù xuéxiào kāi jiāzhǎnghuì . Zìcóng háizi shàng
星期三他要去学校开家长会。自从孩子上
xiǎoxué yǐlái , tā cānjiāle hěn duō cì jiāzhǎnghuì . Yóuyú zìjǐ
小学以来，他参加了很多次家长会。由于自己
de háizi zài bān li xuéxí chéngjì búcuò , měi cì dōu néng dédào
的孩子在班里学习成绩不错，每次都能得到
lǎoshī de biǎoyáng , suǒyǐ Lǎo Zhāng hěn yuànyì cānjiā jiāzhǎnghuì .
老师的表扬，所以老张很愿意参加家长会。
Yī lái liǎojiě háizi zuìjìn
一来了解孩子最近
zài xuéxiào de qíngkuàng ,
在学校的情况，
èr lái kěyǐ gēn bié de háizi
二来可以跟别的孩子
yǒu gè bǐjiào .
有个比较。

Jiāzhǎnghuì xiān zài
家长会先在
xuéxiào de dàlǐtáng
学校的大礼堂 (hall)

li kāi , zhǐ chū èr niánjí jiù yǒu jǐ bǎi wèi jiāzhǎng . Xiàozhǎng
里开，只初二年级就有几百位家长。校长
jiǎnghuà , quánmiàn zǒngjié xuéxiào de qíngkuàng , xiàng jiāzhǎng
讲话，全面总结学校的情况，向家长
bàogào xuésheng de xuéxí chéngjì , xīnlǐ wèntí , ānquán wèntí
报告学生的学习成绩、心理问题、安全问题
děngděng . Dàyuē yí gè xiǎoshí hòu , jiāzhǎngmen huídào zìjǐ
等等。大约一个小时后，家长们回到自己
háizi suǒzài bānjí , yóu bānzhǔrèn zhǔchí zhàokāi bān li de
孩子所在班级，由班主任主持召开班里的
jiāzhǎnghuì .
家长会。

Kāi bānjí jiāzhǎnghuì de shíhou , jiāzhǎng zuò zài zìjǐ háizi
开班级家长会的时候，家长坐在自己孩子
shàngkè de zuòwèishang , tīng lǎoshī jiǎng háizi de shìqing . Yí gè
上课的座位上，听老师讲孩子的事情。一个
háizi qù yí gè jiāzhǎng kāihuì jiù kěyǐ le , yǒu de fùmǔ fēicháng
孩子去一个家长开会就可以了，有的父母非常
guānxīn háizi , yě kěyǐ liǎng gè dōu qù . Rúguǒ háizi fùmǔ
关心孩子，也可以两个都去。如果孩子父母
shízài méiyǒu shíjiān qù , yě kěyǐ yéye nǎinai huòzhě lǎolao
实在没有时间去，也可以爷爷奶奶或者姥姥
lǎoye qù . Kāi jiāzhǎnghuì de shíhou , háizimen yìbān bú zài ,
姥爷去。开家长会的时候，孩子们一般不在，
búguò xiànzài yě yǒude xuéxiào ràng háizimen cānjiā .
不过现在也有的学校让孩子们参加。

Qīzhōng kǎoshì gāng guò , zhè cì jiāzhǎnghuì zhǔyào shì jiǎng
期中考试刚过，这次家长会主要是讲

qīzhōng kǎoshì chéngjì , yǐjí jīnhòu xuéxí shang
期中 (midterm) 考试成绩，以及今后学习上
xūyào zhùyì de shì . Lǎo Zhāng tīng de hěn rènzhēn , hái dàile
需要注意的事。老张听得很认真，还带了
gè bǐjìběn , bùtíng de jìzhe . Bānzhǔrèn lǎoshī xiānjiǎng . Tā
个笔记本，不停地记着。班主任老师先讲。他
quánmiàn fēnxīle gè ménkèchéng de kǎoshì qíngkuàng , biǎoyángle
全面分析了各门课程的考试情况，表扬了
zài bānjí li chéngjì zàiqián míng de xuésheng , jìnbù zuì kuài
在班级里成绩在前10名的学生、进步最快
de míng xuésheng , yǐjí mǒu yì kē qián míng de xuésheng ,
的10名学生，以及某一科前10名的学生，
lìrú shùxué qián míng , Yīngyǔ qián míng děngděng , ránhòu
例如数学前10名、英语前10名等等，然后
fēnxīle xuéshengmen hǎode fāngmiàn , yǐjí xūyào nǔlì de
分析了学生们好的方面，以及需要努力的
fāngmiàn děngděng . Bānzhǔrèn lǎoshī jiǎngwán yǐhòu , Yīngyǔ ,
方面等等。班主任老师讲完以后，英语、
yǔwén , shùxuéděng lǎoshī fēnbié jiǎng gè kē de kǎoshì qíngkuàng .
语文、数学等老师分别讲各科的考试情况。

Kāi jiāzhǎnghuì shí , lǎoshī yìbān bú huì pīpíng mǒu gè
开家长会时，老师一般不会批评某个
xuésheng , miǎnde duì xuésheng jí jiāzhǎng zàochéng
学生，免得 (so as not to) 对学生及家长造成
shānghài . Rúguǒ xuésheng wèntí bǐjiào dà , lǎoshī huì bǎ jiāzhǎng
伤害。如果学生问题比较大，老师会把家长
dāndú liú xiàlai , jìnxíng jiāoliú . Suǒyǐ zài xuéxiào
单独 (alone) 留下来，进行交流。所以在学校

biǎoxiàn bù hǎo de xuésheng， shì bǐjiào hàipà kāi jiāzhǎnghuì de.
表现不好的学生，是比较害怕开家长会的。

Yīnwèi tā zhīdào， wànyī lǎoshī bǎ qíngkuàng gàosu jiāzhǎng，
因为他知道，万一老师把情况告诉家长，

fùmǔ huídào jiāli， tā jiù huì shòudào pīpíng.
父母回到家里，他就会受到批评。

Duìyú nàxiē chéngjì bú tài hǎo de háizi láishuō， tāmen yě
对于那些成绩不太好的孩子来说，他们也

hàipà lǎoshī kāi jiāzhǎnghuì . Yīnwèi kāiwán jiāzhǎnghuì , bàba
害怕老师开家长会。因为开完家长会，爸爸
māma nánmiǎn yào láodao jǐ jù : " Rénjia mǒumǒu
妈妈难免要唠叨 (to chatter) 几句："人家某某
kǎole fēn , nǐ zěnme cái dé fēn ? Lǎoshī shuō nǐ
考了 100 分，你怎么才得 98 分？老师说你
zuìjìn bú gòu nǔlì , nǐ gāi jiāyóu le ! " " Mǒumǒu dōu dāngle
最近不够努力，你该加油了！""某某都当了
bāngànbù , nǐ yě děi nǔlì le ! " Háizi juéde , wǒ jiùshì wǒ ,
班干部，你也得努力了！"孩子觉得，我就是我，
wèi shénme zǒngshì ná wǒ gēn biéren bǐjiào ne ?
为什么总是拿我跟别人比较呢？

Xuéshengmen duì jiāzhǎnghuì chí shénme xīntài ? Běijīng mǒu
学生们对家长会持什么心态？北京某
xuéxiào céng duì míng xuésheng zuòguo yí cì wènjuàn diàochá ,
学校曾对 328 名学生做过一次问卷调查，
jiéguǒ xiǎnshì : de xuésheng tīngshuō kāi jiāzhǎnghuì jiù
结果显示：36.3% 的学生听说开家长会就
jǐnzhāng , gǎnjué yālì dà ; de xuésheng bú yuàn jiāzhǎng
紧张，感觉压力大；11.3% 的学生不愿家长
cānjiā jiāzhǎnghuì . Érqiě , jiāzhǎnghuì kāiguo hòu , de
参加家长会。而且，家长会开过后，11% 的
xuésheng yǔ lǎoshī guānxì jǐnzhāng , de xuésheng yǔ
学生与老师关系紧张，20.1% 的学生与
jiāzhǎng guānxì jǐnzhāng , de xuésheng zài jiāzhǎnghuì hòu
家长关系紧张，30.5% 的学生在家长会后
huì shòudào pīpíng . Yǒude xuésheng biǎoshì xīwàng " jǐnliàng shǎo
会受到批评。有的学生表示希望"尽量少

kāi ”, “ zuìhǎo yǒngyuǎn bù kāi jiāzhǎnghuì ”.
开”、“最好 永远不开家长会”。

Suízhe jiàoyù guānniàn de gǎibiàn, hěn duō
随着教育观念(concept)的改变，很多
xuéxiào gǎibiànle kāi jiāzhǎnghuì de fāngshì. Yǒude ràng xuésheng
学校改变了开家长会的方式。有的让学生
zhǔchí, yǒude cǎiqǔ tánxīn de fāngshì. Lǎoshīmen yě
主持(to host)，有的采取谈心的方式。老师们也
kāishǐ rènwéi, “fēnshù” bú shì héngliáng xuésheng de wéiyī
开始认为,“分数”不是衡量(to judge)学生的唯一
biāozhǔn, rúhé péiyǎng xuésheng jiànkāng de réngé,
标准，如何培养学生健康的人格(personality)、
jiànkāng de xīnlǐ, rúhé ràng xuésheng yǎngchéng liánghǎo de
健康的心理，如何让学生养成良好的
pǐnzhì, cái shì gèng zhòngyào de.
品质，才是更重要的。

Jiāzhǎnghuì hái huì jìxù kāi xiàqu de, zhè shì xuéxiào hé
家长会还会继续开下去的，这是学校和
jiāzhǎng gōutōng de yì zhǒng fāngshì. Péiyǎng háizi, bùjǐn shì
家长沟通的一种方式。培养孩子，不仅是
xuéxiào de zérèn, tóngshí yě shì jiāzhǎng de zérèn. Zuìhǎo de
学校的责任，同时也是家长的责任。最好的
fāngshì shì jiātíng hé xuéxiào, shèhuì pèihé qǐlai, wèi háizi
方式是家庭和学校、社会配合起来，为孩子
jiànkāng chéngzhǎng yíngzào liánghǎo de huánjìng.
健康成长营造良好的环境。

Fàngjià lou!
放假喽！

Zhōngguó de xuésheng zěnme guò jiàqī? Kǒngpà měi gè xuésheng dōu yǒu zìjǐ de dá'àn. Bùtóng dìqū, bùtóng xuéxiào, bùtóng niánjí, bùtóng jiātíng tiáojiàn de xuésheng dōu huì yǒu zìjǐ bùtóng de xuǎnzé.

中国的学生怎么过假期？恐怕每个学生都有自己的答案。不同地区、不同学校、不同年级、不同家庭条件的学生都会有自己不同的选择。

Duì Zhōngguó háizi láishuō, shǔjià hé hánjià shì liǎng gè zuì

对中国孩子来说，暑假和寒假是两个最

cháng de jiàqī . Shǔjià yìbān zài qī-bā yuèfèn , dàgài bā zhōu
长的假期。暑假一般在七八月份，大概八周

zuǒyòu de shíjiān . Shǔjià de shíhou , xuéxiào dōuhuì bùzhì
左右的时间。暑假的时候，学校都会布置 (to

yìxiē shǔjià zuòyè , gè kē dōu yǒu , lìrú Yīngyǔ ,
assign) 一些暑假作业，各科都有，例如英语、

shùxué , yǔwén , wùlǐ , huàxué děngděng . Háizimen yào
数学、语文、物理、化学等等。孩子们要

zài shǔjià li wánchéng zhèxiē zuòyè , kāixué de shíhou lǎoshī yào
在暑假里完成这些作业，开学的时候老师要

jiǎnchá . Duìyú zhèxiē zuòyè , yǒude xuésheng huì
检查 (to check)。对于这些作业，有的学生会

jízhōng zài yí duàn shíjiān zuòwán , yǒude zé shì
集中在一段时间做完，有的则是

měi tiān zuò yí bùfen , yě yǒude zài kuài
每天做一部分，也有的在快

kāixué de shíhou cái kāishǐ zuò . Chúle zuò
开学的时候才开始做。除了做

zuòyè , qítā de shíjiān jiù
作业，其他的时间就

kěyǐ zìjǐ ānpái
可以自己安排

le , huòzhě shì jiāzhǎng
了，或者是家长

bāngzhù háizi ānpái .
帮助孩子安排。

Hěn duō jiāzhǎng hái
很多家长还

yào gěi háizi bào yìxiē péixùn bān, xìngqù bān, zhè
要给孩子报一些培训 (trainning) 班、兴趣班，这

kěnéng shì xuéshengmen shǔjià shēnghuó de zhǔyào nèiróng. Lìrú
可能是学生们暑假生活的主要内容。例如

Bīngbīng fàng shǔjià hòu dì-sān tiān, jiù yào qù shàng wǔdǎo bān,
冰冰放暑假后第三天，就要去上舞蹈班，

měi gé yì tiān yí cì kè, yígòng cì. Tā de māma shuō
每隔一天一次课，一共 17 次。她的妈妈说

"Wǒmen cónglái bù bī tā xué shénme, dōushì tā zìjǐ
"我们从来不逼 (to force) 她学什么，都是她自己

xuǎn de bān. Zhège shǔjià jiù bàole wǔdǎo, shàngwán jiù ràng
选的班。这个暑假就报了舞蹈，上完就让

tā hǎohāo fàngsōng xiūxi." Xiànzài de háizi yālì díquè tài dà
她好好放松休息。"现在的孩子压力的确太大

le, Bīngbīng bān shang yǒu bùshǎo jiāzhǎng shǔjià zhìshǎo gěi háizi
了，冰冰班上有不少家长暑假至少给孩子

bàole liǎng gè péixùnbān. Chúle zhǔkē de bǔxí
报了两个培训班。除了主科的补习 (extra tutoring)

zhīwài, gè zhǒng xìngqùbān, tèchángbān yě bù shǎo, bǐrú
之外，各种兴趣班、特长班也不少，比如

pīngpāngqiúbān, shūfǎbān, gāngqínbān, wǔshù bān děngděng.
乒乓球班、书法班、钢琴班、武术班等等。

Hái yǒu de jiāzhǎng jì xiǎng ràng háizi lìyòng shǔjià bǔxí
还有的家长既想让孩子利用暑假补习

gōngkè, yòu xīwàng dài háizi chūqu zǒu yi zǒu; jì pà háizi
功课，又希望带孩子出去走一走；既怕孩子

wánquán fàngsōng, wàngjìle xuéxí, yòu dānxīn háizi xué de tài
完全放松，忘记了学习，又担心孩子学得太

lèi le . Yúshì , jiāzhǎng jiù gěi háizi bào gè zhǒng xiàlìngyíng.
累了。于是，家长就给孩子报各种夏令营
Zuòwéi xiàlìngyíng de shēngjíbǎn , yóuxué
(summer camp)。作为夏令营的升级版，游学 (study
yíng yánxù le xiàlìngyíng de zǔtuán
away from home) 营延续 (to follow) 了夏令营的组团
lǚyóu xíngshì , jiāng wánzhěng xìtǒng de kèchéng xuéxí chuānchā
旅游形式，将完整系统的课程学习穿插 (to
qízhōng , tóngshí yòu róngrùle fēngtǔ rénqíng , tuánduì
intersperse) 其中，同时又融入了风土人情、团队
tuòzhǎn děng zōnghé sùzhì jiàoyù , zhēnzhèng
拓展 (outward bound) 等综合素质教育，真正
zuòdào yùjiàoyúlè , shēnshòu jiāzhǎng yǐjí háizi de huānyíng .
做到寓教于乐，深受家长以及孩子的欢迎。
Chúle chuántǒng de guónèi rèmén xiànlù , bùshǎo zhùmíng yǔyán
除了传统的国内热门线路，不少著名语言
péixùn jīgòu gèngshì fēnfēn tuīchū guójì yóuxué yíng , tāmen wèi
培训机构更是纷纷推出国际游学营，他们为
háizimen shèjìle Yīngguó , Měiguó , Jiānádà , Àozhōu děng
孩子们设计了英国、美国、加拿大、澳洲等
duō tiáo guójì yóuxué xiànlù .
多条国际游学线路。

Hái yǒu yì xiē háizi de zhǔyào shíjiān dōu shì zài jiā li dùguò
还有一些孩子的主要时间都是在家里度过
de . Sīsī de māma shì chūzhōng jiàoshī , tā shuō : “ Wǒ
的。思思的妈妈是初中教师，她说：“我
háishi zhīchí háizi shǔjià zài jiā duō kànshū . Xiànzài de háizi
还是支持孩子暑假在家多看书。现在的孩子

shòudào wàijiè gè zhǒng gānrǎo hěn duō， néng jìng xià xīn lái dúshū
受到外界各种干扰很多，能静下心来读书

de hěn shǎo.” Tā zài fàngjià qián gěi Sīsī mǎile hěn duō wénxué
的很少。”她在放假前给思思买了很多文学

míngzhù， yǐjí gè zhǒng értóng kānwù . Tā hái yǔnxǔ
名著，以及各种儿童刊物 (journal)。她还允许

Sīsī měi tiānshàng yī-liǎng gè xiǎoshí de wǎng， kěyǐ kànxīnwén，
思思每天上一两个小时的网，可以看新闻，

yě kěyǐ wán yíhuìr yóuxì， dànshì duì Sīsī de shàngwǎng
也可以玩一会儿游戏，但是对思思的上网

shíjiān yǒu yángé de kòngzhì .
时间有严格的控制。

Hánjià zhōng yóuyú yǒu Chūnjié de yuángù ， hěn duō
寒假中由于有春节的缘故 (reason)，很多

jiāzhǎng Chūnjié nà jǐ tiān dōu huì dài háizi dào lǎojiā zǒuzou， yóuqí
家长春节那几天都会带孩子到老家走走，尤其

shì dài háizi qù kànwàng yéye nǎinai , lǎolao lǎoye děng qīnrén ,
是带孩子去看望爷爷奶奶、姥姥姥爷等亲人，

yǐ péiyǎng háizi de qīnqíng . Chúcǐ zhīwài , yě huì dài háizi qù
以培养孩子的亲情。除此之外，也会带孩子去

lǚyóu yī-liǎng cì , huòzhě zài guónèi , huòzhě zài guówài . Chéngshì
旅游一两次，或者在国内，或者在国外。城市

zhōng yǒu hěn duō háizi yǐjīng qùguo bù shǎo guójiā hé dìqū
中有很多孩子已经去过不少国家和地区

le . Búguò yóuyú jīngjì yuányīn , nóngcūn de háizi duōshù dōu
了。不过由于经济原因，农村的孩子多数都

zài jiā zhōng dùguò , tāmen zhǔyào háishi gēn tóngxuémen zài yìqǐ
在家中度过，他们主要还是跟同学们在一起

wánr . Duìyú jíjiāng zhōngkǎo , gāokǎo de xuésheng láishuō , yì
玩儿。对于即将中考、高考的学生来说，一

niánzhōng de jiàqī zhǔyào yònglái fùxí gōngkè , yǐ kǎorù gèng hǎo
年中的假期主要用来复习功课，以考入更好

de xuéxiào .
的学校。

Gāosān Xuésheng de Yì Tiān

高三学生的一天

Duì měi yí gè gāo-sān xuésheng láishuō, zhè jīhū shì juédìng
对每一个高三学生来说，这几乎是决定

mìngyùn de yì nián. Zhè yì nián de xuéxí chéngjì juédìng tāmen kǎo
命运的一年。这一年的学习成绩决定他们考

rù shénme dàxué. Cóng mǒu zhǒng chéngdù shang shuō, yě
入什么大学。从某种程度上说，也

juédìng tāmen jīnhòu de mìngyùn. Suǒyǐ gāo-sān zhè yì nián,
决定他们今后的命运。所以高三这一年，

hěn duō rén yòng "yì chǎng zhànyì" lái xíngróng,
很多人用"一场战役(campaign)"来形容，

shuōmíngle zhè yì nián de zhòngyào hé jiānkǔ.
说明了这一年的重要和艰苦。

Měi tiān zǎochen diǎnbàn, gāo-sān xuésheng Wáng Níng de
每天早晨5点半，高三学生王宁的

nàozhōng zhǔnshí xiǎngqǐ. Tā shì gè hěn zìjué de xuésheng,
闹钟准时响起。他是个很自觉的学生，

búyuàn ràng fùmǔ wèi zìjǐ de xuéxí cāoxīn.
不愿让父母为自己的学习操心(worry about)。

Dànshì měi tiān Wáng Níng qǐchuáng qián, māma qíshí zǎo yǐ
但是每天王宁起床前，妈妈其实早已

qǐchuáng le. Māma kànzhe háizi zhème xīnkǔ, zìjǐ zěnme
起床了。妈妈看着孩子这么辛苦，自己怎么

néng shuì de zháo ne ?
能 睡得着呢?

Chuān yī , xǐ liǎn , shuā yá , zhěnglǐ hǎo shūbāo . Jiēguò
穿衣,洗脸,刷牙,整理好书包。接过
māma dì guòlai de niúnǎi , hěn kuài hē wán . Zài wǎng shūbāo li
妈妈递过来的牛奶,很快喝完。再往书包里
sāi gè miànbāo , jiù chūle jiāmén . Wáng Níng kànle kàn biǎo —
塞个面包,就出了家门。王宁看了看表——
diǎn fēn . Jǐnguǎn tiān hái méi liàng , dàn tōngwǎng xuéxiào de
5点45分。尽管天还没亮,但通往学校的
lù shang , yǐjīng yǒu hěn duō xuésheng le .
路上,已经有很多学生了。

Tā dào xuéxiào hòu , dì-yī jiàn shì jiùshì zài jiǎnchá yí biàn
他到学校后,第一件事就是再检查一遍
zìjǐ de zuòyè . Tā fāxiàn jǐnguǎn zuówǎn xuédào le diǎn duō ,
自己的作业。他发现尽管昨晚学到了11点多,
dàn háishi shǎo zuòle yì mén huàxué zuòyè , yúshì zǎozìxí zhè
但还是少做了一门化学作业,于是早自习这30
fēnzhōng yìdiǎnr yě bù gǎn làngfèi , bǎ huàxué tí bǔ
分钟一点儿也不敢浪费(to waste),把化学题补
shàng le .
上了。

Shàngwǔ dì-yī jié shì shùxuékè . Jīntiān zhè táng kè , lǎoshī
上午第一节是数学课。今天这堂课,老师
xiěle mǎnmān yì hēibǎn de tí , Wáng Níng jìle zhěngzhěng sān
写了满满一黑板的题,王宁记了整整三
yè bǐjì . Xiàkè qián , měi rén yòu dédào yì zhāng zuòyèjuàn ,
页笔记。下课前,每人又得到一张作业卷,

Wáng Níng suíshǒu bǎ tā chārù shū li , zhǔnbèi xiàkè huòzhě
王宁随手把它插入书里，准备下课或者
wǎnshang zài zuò .
晚上再做。

Yì jié kè hòu , kěyǐ xiūxi fēnzhōng , dàn dào wàimian
一节课后，可以休息10分钟，但到外面
huódòng de rén bìng bù duō , dàbùfen xuésheng dōu xuǎnzé liú zài
活动的人并不多，大部分学生都选择留在
jiàoshì li . Huò xuéxí , huò xiūxi — suǒwèi de kèjiān
教室里。或学习，或休息——所谓的课间10
fēnzhōng , shìshí shang zhǐyǒu qián fēnzhōng shì huódòng shíjiān .
分钟，事实上只有前7分钟是活动时间。
Wáng Níng de jiàoshì zài wǔ lóu , zhè shì yíbùfen rén bú yuàn dào
王宁的教室在五楼，这是一部分人不愿到
lóu xià huódòng de yí gè zhòngyào yuányīn .
楼下活动的一个重要原因。

Dì-èr jié kè shì Yīngyǔ, zhè fēnzhōng duìyú Wáng Níng
第二节课是英语，这45分钟对于王宁
láishuō shífēn mànchcháng. Zìcóng jìnrù gāo-sān, tā de
来说十分漫长。自从进入高三，他的
Yīngyǔ chéngjì hěn shǎo jígé, jǐnguǎn yì yǒu shíjiān jiù bèi Yīngyǔ
英语成绩很少及格，尽管一有时间就背英语
dāncí, dàn měi mén kè dōu yào xué, měi tiān de shíjiān yòu dōu shì
单词，但每门课都要学，每天的时间又都是
yǒuxiàn de, yīncǐ xuéxí xiàoguǒ bìng bù míngxiǎn.
有限的，因此学习效果并不明显。

Zhōngwǔ shí fēn, xuéshengmen shàngwǔ de kè jiéshù
中午11时20分，学生们上午的课结束
le. Suǒyǒu de xuésheng dōu kěyǐ dào xuéxiào shítáng chīfàn. Dàn
了。所有的学生都可以到学校食堂吃饭。但
wèile wǔfàn hòu néng shuì yíhuìr, Wáng Níng yìbān shì huíjiā
为了午饭后能睡一会儿，王宁一般是回家

chī wǔfàn， shuì yí gè wǔjiào， ránhòu zài huídào xuéxiào.
吃午饭，睡一个午觉，然后再回到学校。

Xiàwǔ yǒu liǎng jié wùlǐkè， wùlǐ shì Wáng Níng zuì
下午有两节物理课，物理是王宁最
shàncháng de xuékē， yīncǐ gǎnjué tǐng qīngsōng. Lín xiàkè de
擅长的学科，因此感觉挺轻松。临下课的
shíhou， lǎoshī liúle wǎnshang de zuòyè. Hòuhòu de yì juǎn zhǐ，
时候，老师留了晚上的作业。厚厚的一卷纸，
tā xiǎngzhe zài zìxíkè shí jǐn kěnéng duō de wánchéng yìxiē，
他想着在自习课时尽可能多地完成一些，
shèngxià de liú dào wǎnzìxí wánchéng.
剩下的留到晚自习完成。

Wáng Níng hěn shǎo jījí de gěi zìjǐ ānpái jìhuà， ér
王宁很少积极地给自己安排计划，而
jīntiān bùtóng， yīnwèi jīntiān xiàwǔ dì-sān jié kè shì tǐyù
今天不同，因为今天下午第三节课是体育
huódòng. Wáng Níng cóng chūzhōng kāishǐ jiù xǐhuan shàng le
活动。王宁从初中开始就喜欢上了
pīngpāngqiú， shàng gāozhōng hòu， wán de shíjiān jiù shǎo le，
乒乓球，上高中后，玩的时间就少了，
ér jìnrù gāo-sān， dǎqiú de jīhuì gèng shì nándé. Měizhōu yì
而进入高三，打球的机会更是难得。每周一
jié de tǐyùkè shì xǐhuan yùndòng de xuéshengmen zuì pànwàng
节的体育课是喜欢运动的学生们最盼望(look
de shíguāng.
forward to)的时光。

Xiàwǔ diǎn， gāozhōng xuésheng kěyǐ dào shítáng chīfàn.
下午5点，高中学生可以到食堂吃饭。

Wǎnfàn zhè duàn shíjiān tōngcháng shì yì tiān zhōng zuì fàngsōng de
晚饭这段时间通常是一天中最放松的
shíkè . Wǎnfàn shíjiān dàyuē bàn gè xiǎoshí , érqiě kěyǐ zài
时刻。晚饭时间大约半个小时，而且可以在
zhèli shuōshuōxiàoxiào , bú xiàng zài jiàoshì li nàyàng bìxū bǎochí
这里说说笑笑，不像在教室里那样必须保持
ānjìng .
安静。

diǎnbàndào diǎnbàn , yǒu sì jié wǎnzìxí . Yǐ xuésheng
5点半到9点半，有四节晚自习。以学生
zìjǐ xuéxí wéizhǔ , lǎoshī yǒushíhou gèbié fǔdǎo . Wáng Níng
自己学习为主，老师有时候个别辅导。王宁
hěn shǎo zhǎo lǎoshī fǔdǎo , yīnwèi zuòyè tài duō , rúguǒ bù
很少找老师辅导，因为作业太多，如果不
zhuājǐn shíjiān zuò , gēnběn wán bu chéng . Wǎnzìxí de jiàoshì li
抓紧时间做，根本完不成。晚自习的教室里
géwài ānjìng , rénrén dōu zài zuò zuòyè .
格外安静，人人都在做作业。

Wǎnshang shí fēn , Wáng Níng zhǔnshí huíjiā . Dàngtiān
晚上9时40分，王宁准时回家。当天
de zuòyè zài xuéxiào zuòwánle yídàbàn , shèngxià de liànxítí yòu
的作业在学校做完了一大半，剩下的练习题又
yòng le yí gè xiǎoshí , zǒngsuàn wánchéng le . Jiēzhe tā dǎsuan
用了一个小时，总算完成了。接着他打算
yòng shuì qián zhè duàn shíjiān bèi Yīngyǔ dāncí , kě bèile
用睡前这段时间背英语单词，可背了
yíhuìr , jiù shuìzháo le .
一会儿，就睡着了。

Měi gè gāo-sān de xuésheng, jīběn shang dōu shì zhèyàng
每个高三的学生，基本上都是这样
jǐnzhāng, dàn gāo-sān zhè yì nián hěn duō xuésheng juéde guò de
紧张，但高三这一年很多学生觉得过得
hěn yúkuài, hěn chōngshí. Měi gè rén dōu zài wèi zìjǐ de lǐxiǎng
很愉快、很充实。每个人都在为自己的理想
ér fèndòuzhe, měi gè rén miànqián dōu yǒu yí gè mùbiāo. Hěn duō
而奋斗着，每个人面前都有一个目标。很多
xuésheng huíyì qǐ zhè yì nián, dōu huì yǒu hěn duō huà xiǎng
学生回忆起这一年，都会有很多话想
shuō. Tāmen juéde yīnggāi zhēnxī zhè yì nián de shíjiān, jǐnguǎn
说。他们觉得应该珍惜这一年的时间，尽管
dāngshí juéde tǐng tòngkǔ de, dàn huíyì qǐlái, shì hěn bǎoguì
当时觉得挺痛苦的，但回忆起来，是很宝贵
de. Bù jǐnjǐn xuésheng, jiāzhǎng yě yíyàng, péi háizi
的。不仅仅是学生，家长也一样，陪孩子
gāokǎo jiù xiàng zìjǐ gāokǎo yíyàng, zhè yì nián gēnzhe háizi yìqǐ
高考就像自己高考一样，这一年跟着孩子一起
kuàilè, fánnǎo, zháojí. Háizi dú wán gāo-sān, kǎoshàng
快乐、烦恼、着急。孩子读完高三，考上
dàxué, jiāzhǎng yě sōngle yì kǒu qì.
大学，家长也松了一口气。

Gāokǎo Zǒngdòngyuán
高考总动员

Lǎo Zhāng de érzi jīnnián kǎoshàngle zhòngdiǎn dàxué.
老张的儿子今年考上了重点大学。

Huíxiǎng zhè yì nián lái de jīnglì, tā fēicháng gǎnkǎi
回想这一年来的经历，他非常感慨(be full of

. Lǎo Zhāng juéde, zhè yì nián bú shì érzi kǎo dàxué,
emotion)。老张觉得，这一年不是儿子考大学，

shì fùmǔ kǎo dàxué, shènzhì shuō shì quán jiā rén zài kǎo dàxué.
是父母考大学，甚至说是全家人在考大学。

Shǒuxiān, néng bu néng shàng yí gè hǎo dàxué, shì měi gè
首先，能不能上一个好大学，是每个

jiāzhǎng dōu shífēn guānxīn de . Kǎoshàngle hǎo dàxué , jiù
家长都十分关心的。考上了好大学，就

yìwèi zhe kěyǐ shòudào gèng hǎo de jiàoyù , jiānglái
意味 (to indicate) 着可以受到更好的教育，将来

zhǎo gōngzuò yě bǐjiào róngyì , huòzhě gèng róngyì zhǎodào lǐxiǎng de
找工作也比较容易，或者更容易找到理想的

gōngzuò .
工作。

Zhōngguó de gāokǎo jízhōng zài liǎng tiān nèi kǎowán , yìbān shì
中国的高考集中在两天内考完，一般是

měi nián de yuè hào hé hào . Dàxué píngjiè zhè cì chéngjì
每年的6月7号和8号。大学凭借这次成绩

jìnxíng lùqǔ . Yǒude shì mǒu gè shěng , zhíxiáshì dāndú mìngtí
进行录取。有的是某个省、直辖市单独命题

, yǒude shì jǐ gè shěng cǎiyòng tóngyàng
(set exam questions)，有的是几个省采用同样

de shìjuàn .
的试卷。

Háizi de xuéxí chéngjì wúyí shì zhè yì nián
孩子的学习成绩无疑 (certainly) 是这一年

jiāzhǎng zuì guānxīn de wèntí . Gāo-sān xuésheng zhè yì nián yào
家长最关心的问题。高三学生这一年要

jīnglì duōshao cì kǎoshì , lián tāmen zìjǐ yě jì bu qīng . Měi
经历多少次考试，连他们自己也记不清。每

zhōu yǒu liànxí kǎoshì , měi mén kè yǒu dān kē kǎoshì , měi yuè yǒu
周有练习考试，每门课有单科考试，每月有

yuèkǎo , yì nián zhōng hái yǒu jǐ cì dàxíng mónǐ kǎoshì . Ér
月考，一年中还有几次大型模拟考试。而

měi cì kǎoshì de shìjuàn， chéngjì， Lǎo Zhāng dōu yào bāngzhe
每次考试的试卷、成绩，老张都要帮着

érzi fēnxī， zhè zhāng juànzi diūle duōshao fēn， wèi shénme
儿子分析，这张卷子丢了多少分，为什么

huì diū fēn？ Shì cūxīn dàyì， háishi méi zhǎngwò hǎo
会丢分？是粗心大意 (careless)，还是没掌握好

zhīshidiǎn？ Zài bān li páimíng dì-jǐ？ Niánjí páimíng duōshao？
知识点？在班里排名第几？年级排名多少？

Wèi shénme chéngjì huì xiàjiàng？
为什么成绩会下降？

Xuéxiào duì gāokǎo de zhòngshì chéngdù yìdiǎnr yě bú cìyú
学校对高考的重视程度一点儿也不次于

jiāzhǎng. Yí gè gāozhōng de shēngxuélǜ
家长。一个高中的升学率 (rate of admission

shì duōshao？ Shēngrù zhòngdiǎn dàxué de
into higher schools) 是多少？升入重点大学的

xuésheng shì duōshao？ Néng bu néng chū zǒngfēn zhuàngyuán
学生是多少？能不能出总分状元 (the

huòzhě dān kē zhuàngyuán？ Zhèxiē dōu guānxì dào
top student) 或者单科状元？这些都关系到

yí gè xuéxiào zài jiàoyùjiè de dìwèi hé yǐngxiǎng， guānxì dào yí
一个学校在教育界的地位和影响，关系到一

gè xuéxiào de jiàoxué zhìliàng hé shuǐpíng. Suǒyǐ xuéxiào duì
个学校的教学质量和水平。所以学校对

měi cì kǎoshì dōu hěn zhòngshì， yóuqí shì mónǐ kǎoshì，
每次考试都很重视，尤其是模拟考试 (mock

shùjù tǒngjì de fēicháng xiángxì. Lìrú mǒu gè fēnshù
test)，数据统计得非常详细。例如某个分数

duàn yǒu duōshao míng xuésheng， mǒumén kè de píngjūn fēnshù
段有多少名学生，某门课的平均分数

shì duōshao？ Měigè bānjí de chéngjì zěnmeyàng？ Tóng lèi xuéxiào
是多少？每个班级的成绩怎么样？同类学校

de xuésheng kǎode zěnmeyàng？ Zhèxiē xuéxiào yǒu nǎxiē chāyì
的学生考得怎么样？这些学校有哪些差异

děngděng， dōu yào zuòchéng shùjùbiǎo jìnxíng
等等，都要做成数据表(data sheet)进行

fēnxī. Xuéxiào yào zhàokāi ruògān cì de jiāzhǎnghuì， yǒushíhou
分析。学校要召开若干次的家长会，有时候

gāo-sān de jiāzhǎnghuì néng kāi shàng wǔ-liù gè xiǎoshí. Xiānshì
高三的家长会能开上五六个小时。先是

quánxiào huì， xiàng jiāzhǎng bàogào quánxiào xuésheng de chéngjì
全校会，向家长报告全校学生的成绩

zhuàngkuàng， ràng jiāzhǎng liǎojiě háizi zài quánxiào bìyèshēng
状况，让家长了解孩子在全校毕业生

zhōng zǒngfēn páimíng duōshao， dān kē páimíng duōshao， dàgài
中总分排名多少，单科排名多少，大概

néng shàng shénmeyàng de dàxué， yǐbiàn jiāzhǎng huíqu dūcù
能上什么样的大学，以便家长回去督促

háizi de xuéxí.
(supervise and urge) 孩子的学习。

Cānjiā gāokǎo de xuésheng bìxū tōngguò wǎngluò bàomíng，
参加高考的学生必须通过网络报名、

jiāofèi. Ànzhào dàxué de zhīmíngdù， dàxué běnkē fēnchéng dì-yī
交费。按照大学的知名度，大学本科分成第一

pī， dì-èr pī hé dì-sān pī lùqǔ de yuànxiào， zhèxiē yuànxiào
批、第二批和第三批录取的院校，这些院校

juédàbùfen dōu shì sì nián zhì dàxué. Rúguǒ chéngjì bú gòu dàxué
绝大部分都是四年制大学。如果成绩不够大学

běnkē lùqǔxiàn， hái kěyǐ bào zhuānkē xuéxiào， zhuānkē xuéxiào
本科录取线，还可以报专科学校，专科学校

dàbùfen shì liǎng nián dào sān nián zhì. Zhè xiē nián Běijīng de
大部分是两年到三年制。这些年北京的

kǎoshēng bǎochí zài wàn rén zuǒyòu, lùqǔlǜ kěyǐ dádào
考生保持在10万人左右，录取率可以达到
jiāngjìn . Jǐnguǎn rúcǐ, dàjiā háishi xiǎng shàng nàxiē
将近80%。尽管如此，大家还是想上那些
zhīmíngdù gāo de dàxué, ér dì-yī pī lùqǔ de yuànxiào zài Běijīng
知名度高的大学，而第一批录取的院校在北京
de lùqǔlǜ zhǐyǒu , zài qítā shěngshì jiù gèng dī le .
的录取率只有10%，在其他省市就更低了。

Tiánbào zhìyuàn shì zhè yì nián zhōng tǎolùn
填报志愿(preference)是这一年中讨论
jiào duō de huàtí . Jiāzhǎng xūyào liǎojiě Zhōngguó jǐ bǎi suǒ dàxué
较多的话题。家长需要了解中国几百所大学
de qíngkuàng, cái nénggòu zhǐdǎo háizi bàozhìyuàn. Lìrú nǎge
的情况，才能够指导孩子报志愿。例如哪个
dàxué wǎngnián de lùqǔ fēnshùxiàn zěnmeyàng? Nǎge dàxué de
大学往年的录取分数线怎么样？哪个大学的
nǎge zhuānyè bǐjiào hǎo? Nǎge dàxué zài shénme dìfang, qìhòu
哪个专业比较好？哪个大学在什么地方，气候
huánjìng zěnmeyàng? Nǎge dàxué de bìyèshēng gèng róngyì
环境怎么样？哪个大学的毕业生更容易
zhǎodào gōngzuò? Děngděng. Dōu xūyào jiāzhǎng gěi háizi tígōng
找到工作？等等。都需要家长给孩子提供
cānkǎo yìjiàn .
参考意见。

Háizi de zhǔyào rènwu shì xuéxí, dàn yǒuxiē háizi hǎoxiàng
孩子的主要任务是学习，但有些孩子好像
bìng bú xiàng jiāzhǎng nàme zháojí . Lǎo Zhāng de érzi gāo-sān
并不像家长那么着急。老张的儿子高三

qījiān , měi gè zhōumò hái yào shàngwǎng wánr liǎng-sān gè xiǎoshí
期间，每个周末还要上网玩儿两三个小时

de yóuxì , biéde háizi yǒude xuéxí dào wǎnshang shí'èr diǎn
的游戏，别的孩子有的学习到晚上十二点

yǐhòu , ér tā de háizi zǒngshì zài shí diǎn yǐhòu jiù yào shuìjiào .
以后，而他的孩子总是在十点以后就要睡觉。

Fàngxué huíjiā hòu , zǒngshì bǎ zìjǐ guān zài wūzi li , bǎ mén
放学回家后，总是把自己关在屋子里，把门

suǒ shàng , zhìyú zài wūzi li gàn shénme , jiāzhǎng zhēnde jiù
锁上，至于在屋子里干什么，家长真的就

bù zhīdào le .
不知道了。

Zhè yì nián zhōng , Lǎo Zhāng gěi érzi bàole hěn duō
这一年中，老张给儿子报了很多

, érzi de shùxué bù hǎo , tā huā qián qǐng rén
课外辅导班，儿子的数学不好，他花钱请人

dào jiā li fǔdǎo háizi shùxué , měi gè xiǎoshí hǎo jǐ bǎi yuán ,
到家里辅导孩子数学，每个小时好几百元，

duì Lǎo Zhāng lái shuō shì gè bù xiǎo de shùzì . Yīngyǔ , wùlǐ
对老张来说是个不小的数字。英语、物理

děngděng , dōu qǐngguo jiājiào , zhè yì nián guāng háizi de
等等，都请过家教，这一年光孩子的

fǔdǎofèi jiù děngyú tā yì nián de shōurù le .
辅导费就等于他一年的收入了。

Lǎo Zhāng shēnghuó zài Běijīng , tā xiǎng ràng háizi shàng
老张生活在北京，他想让孩子上

Běijīng de dàxué . Kě háizi bú zhème xiǎng , zài fùmǔ shēnbiān
北京的大学。可孩子不这么想，在父母身边

nián le , xiǎng líkāi fùmǔ , kànkanwàimian de shìjiè . Yúshì
18 年了，想离开父母，看看外面的世界。于是

háizi xuǎnle yí gè jùlí Běijīng liǎngqiān duō gōnglǐ de dìfang
孩子选了一个距离北京两千多公里的地方

shàng dàxué , kāixué yě méi ràng fùmǔ sòng , zìjǐ tízhe yí gè
上大学，开学也没让父母送，自己提着一个

xínglixiāng , zuòshàng fēijī qù bàodào le .
行李箱，坐上飞机去报到了。

Kuàilè de Tǐyùkè

快乐的体育课

Duì dàduōshù xuésheng láishuō, tǐyùkè
对大多数学生来说，体育课(physical

shì fēicháng kuàilè de, yīnwèi kěyǐ zànshí
education)是非常快乐的，因为可以暂时(temporary)

wàngdiào gōngkè, zuòyè, jìnqíng de xiǎngshòu yùndòng dàilái de
忘掉功课、作业，尽情地享受运动带来的

kuàilè.
快乐。

Wàn Hónglèi xiànzài shàng xiǎoxué niánjí, tā de xuéxí
万红雷现在上小学6年级，他的学习

chéngjì bú shì hěn tūchū, dàn tǐyù chéngjì hěn hǎo. Tā tèbié
成绩不是很突出，但体育成绩很好。他特别

xǐhuan tǐyùkè, yóuqí shì pǎobù, jīhū měi cì dōu néng ná
喜欢体育课，尤其是跑步，几乎每次都能拿

dào quánbān dì-yī. Duì tā láishuō, yí gè xīngqī zuì gāoxìng de
到全班第一。对他来说，一个星期最高兴的

shì jiù shì shàng tǐyùkè. Bùguǎn shì shénme tǐyù xiàngmù, tā
事就是上体育课。不管是什么体育项目，他

dōu bǐ biéde háizi zuò de hǎo. Dànshì nàxiē shēntǐ sùzhì bú tài
都比别的孩子做得好。但是那些身体素质不太

hǎo de xuésheng, yóuqí shì bǐjiào pàng de xuésheng, jiù bú tài
好的学生，尤其是比较胖的学生，就不太

xǐhuan tǐyùkè , tāmen juéde tǐyùkè tài lèi , lǎoshī yāoqiú
喜欢体育课，他们觉得体育课太累，老师要求

yòu yángé , zìjǐ fùchūle hěn duō nǔlì , yě nányǐ dádào
又严格，自己付出了很多努力，也难以达到

biāozhǔn , zhèyàng jiù duì tǐyùkè shīqùle xìngqù , tǐyùkè
标准，这样就对体育课失去了兴趣，体育课

biànchéngle yì zhǒng fùdān .
变成了一种负担。

Cóng xiǎoxué dào dàxué dōu yǒu tǐyùkè , yìbān yì zhōu liǎng
从小学到大学都有体育课，一般一周两

cì . Tǐyùkè de nèiróng yě chàbuduō , zhǔyào shì yǐ duànliàn ,
次。体育课的内容也差不多，主要是以锻炼、

yúlè wéizhǔ . Qízhōng yí xiàng zhòngyào de nèiróng shì pǎobù ,
娱乐为主。其中一项重要的内容是跑步，

bǐrú mǐ pǎo , mǐ pǎo , mǐ pǎo , dàxué li
比如50米跑、100米跑、200米跑，大学里

háiyǒu mǐ pǎo. Xiànzài hěn duō háizi bú ài pǎobù, dàn
还有1500米跑。现在很多孩子不爱跑步，但
xuéxiào juéde pǎobù kěyǐ duànliàn xuéshengmen de yìzhì hé yìlì,
学校觉得跑步可以锻炼学生们的意志和毅力
suǒyǐ fēicháng zhòngshì zhè xiàng yùndòng, jiàoyù
(willpower)，所以非常重视这项运动，教育
bùmén yě guīdìngle bùtóng niánjí de xuésheng yīnggāi dádào de
部门也规定了不同年级的学生应该达到的
biāozhǔn. Lìrú xiǎoxué sì niánjí de nǚshēng mǐ pǎobù,
标准。例如小学四年级的女生50米跑步，100
fēn de biāozhǔn shì miǎo, jígé de biāozhǔn shì miǎo. Ér
分的标准是8秒2，及格的标准是8秒8。而
xiǎoxué sì niánjí nánshēng mǐ pǎo de biāozhǔn jiù bù yíyàng le,
小学四年级男生50米跑的标准就不一样了，
fēn de biāozhǔn shì miǎo, fēn de biāozhǔn shì miǎo.
100分的标准是7秒9，60分的标准是8秒7。
Dāngrán rúguǒ dábudào, yě méi tài dà de guānxì. Dàn dào le
当然如果达不到，也没太大的关系。但到了
zhōngxué, jiù bù yíyàng le. Zhōngxué de shíhou měi xuéqī dōu
中学，就不一样了。中学的时候每学期都
yǒu hěn zhèngguī de tǐyù kǎoshì, kǎo bù jígé háiyào chóngkǎo.
有很正规的体育考试，考不及格还要重考。
Měi jié tǐyùkè dōu yào pǎobù, xiān lái yí gè mǐ mànpǎo,
每节体育课都要跑步，先来一个800米慢跑，
ránhòu kāishǐ zhuānmén xùnliàn mǒu yí xiàng.
然后开始专门训练某一项。

Chúle pǎobù yǐwài, tǐyùkè shang jīngcháng jiàndào de
除了跑步以外，体育课上经常见到的

jiùshì gè zhǒng qiúlèi yùndòng. Bǐrú pīngpāngqiú zài Zhōngguó
就是各种球类运动。比如乒乓球在中国

fēicháng pǔjí, jīhū měi gè zhōng-xiǎoxué dōu yǒu pīngpāngqiúkè.
非常普及，几乎每个中小学都有乒乓球课。

Yǒude pīngpāng qiútái jiù zài shìwài, yòng shuǐní zuòchéng de,
有的乒乓球台就在室外，用水泥做成的，

zhǐyào bù guā fēng xià yǔ, háizimen jiù kěyǐ zài wàimian dǎ
只要不刮风下雨，孩子们就可以在外面打

pīngpāngqiú. Lìngwài, zúqiú, lánqiú, páiqiú děng yùndòng
乒乓球。另外，足球、篮球、排球等运动

yě fēicháng pǔbiàn.
也非常普遍。

Dàxué li de tǐyùkè, yě shì dàxuéshēngmen bǐjiào xǐhuan
大学里的体育课，也是大学生们比较喜欢

de. Yǔ zhōng-xiǎoxué bùtóng, dàxuéshēng tǐyùkè yìbān
的。与中小学不同，大学生体育课一般

xuéxí tàijíquán, jiànměicāo děngděng, hái yǒu hěn duō zhuānmén
学习太极拳、健美操等等，还有很多专门

de xuǎnxiūkè, bǐrú lánqiú, zúqiú, yóuyǒng děngděng.
的选修课，比如篮球、足球、游泳等等。

Zǒngzhī, dàxué tǐyùkè bǐ qǐ zhōng-xiǎoxué lái zìyóudù gèng
总之，大学体育课比起中小学来自由度更

dà yìxiē. Dàole dàxué sān niánjí hé sì niánjí, jiù bú zài shàng
大一些。到了大学三年级和四年级，就不再上

tǐyùkè le. Xuéshēngmen gèng duō de shì zìjǐ zài yèyú shíjiān
体育课了。学生们更多地是自己在业余时间

duànliàn.
锻炼。

Měi gè xiǎoxué, zhōngxué hé dàxué, dōu yǒu zhuānmén de
每个小学、中学和大学，都有专门的

tǐyù lǎoshī. Zài yǒuxiē piānyuǎn xiǎoxué, tǐyù lǎoshī bú shì
体育老师。在有些偏远小学，体育老师不是

zhuānmén de, tā kěnéng yào shàng hěn duō kèchéng, lìrú
专门的，他可能要上很多课程，例如

shùxué, Yīngyǔ děngděng. Tǐyù lǎoshī yìbān dōu shì shīfàn
数学、英语等等。体育老师一般都是师范

xuéyuàn tǐyùxì bìyè de, tāmen yǒu hěn hǎo de tǐyù jìnéng
学院体育系毕业的，他们有很好的体育技能

hé jiàoxué jīngyàn, bùjǐn kěyǐ bāngzhù xuéshengmen
(skill) 和教学经验，不仅可以帮助学生们

tígāo shēntǐ sùzhì, háinéng bāngzhù yǒu qiánlì de xuésheng
提高身体素质，还能帮助有潜力的学生

zhuānmén fāzhǎn mǒu yí xiàng tècháng. Rúguǒ yǒude háizi tèbié
专门发展某一项特长。如果有的孩子特别

xǐàihuan tī zúqiú huòzhě dǎ lánqiú, érqiě tiáojiàn yòu búcuò,
喜欢踢足球或者打篮球，而且条件又不错，

tǐyù lǎoshī jiù bǎ tā tuījiàn gěi tǐyù xuéxiào,
体育老师就把他推荐 (to recommend) 给体育学校，

ràng tā zhuānyè cóngshì tǐyù shìyè.
让他专业从事体育事业。

Tǐyùkè gěi xuéshengmen dàiláile fēngfù-duōcǎi de shēnghuó,
体育课给学生们带来了丰富多彩的生活，

ràng tāmen zài shūběn wài xiǎngshòu dàole yùndòng de kuàilè.
让他们在书本外享受到了运动的快乐。

Zhùsùshēng de Shēnghuó
住宿生的生活

Zài chéngshì li, duōshù zhōng-xiǎoxuéshēng dōu zhù zài
在城市里，多数中小学生都住在
zìjǐ jiā, zǎoshang dào xuéxiào shàngkè, xiàwǔ jiù huíjiā.
自己家，早上到学校上课，下午就回家。
Dàn yě yǒu hěn duō xuésheng zhù zài xuéxiào de sùshè li, yìbān
但也有很多学生住在学校的宿舍里，一般
yí gè xīngqī huí yí cì jiā.
一个星期回一次家。

Yǒude háizi cóng yòu'éryuán kāishǐ, yě jiù shì sān suì de
有的孩子从幼儿园开始，也就是三岁的
shíhou, jiù měi zhōu zhǐ huí yí cì jiā le, zhè zài Zhōngguó
时候，就每周只回一次家了，这在中国
jiào "quántuō" huòzhě "jìsù". Zhèxiē háizi de
叫“全托”或者“寄宿(to board)”。这些孩子的
jiāzhǎng méiyǒu shíjiān měi tiān jiēsòng háizi, yě yǒude shì wèile
家长没有时间每天接送孩子，也有的是为了
péiyǎng háizi de dúlì nénglì, hái yǒude shì wèile háizi shòudào
培养孩子的独立能力，还有的是为了孩子受到
gèng hǎo de jiàoyù. Cóng sān suì kāishǐ, háizi de shēnghuó,
更好的教育。从三岁开始，孩子的生活、
jiàoyù děng quán dōu yóu yòu'éryuán de lǎoshī fùzé. Kāishǐ de
教育等全都由幼儿园的老师负责。开始的

shíhou, háizi hěn bù xíguàn, yǒude bùtíng de kūnào, yǒude
时候，孩子很不习惯，有的不停地哭闹，有的
chángcháng shēngbìng. Dàn guò yí duàn shíjiān hòu, juédàbùfen
常常生病。但过一段时间后，绝大部分
háizi dōuhuì shìyìng de. Zhèxiē háizi cóngxiǎo jiù xuéhuìle
孩子都会适应的。这些孩子从小就学会了
shēnghuó zìlǐ, lìrú xǐ liǎn, shuā yá, xǐ yīfu, dié
生活自理，例如洗脸、刷牙、洗衣服、叠 (to
bèizi děngděng.
fold) 被子等等。

Xiǎoxué de jìsù xuéxiào dàbùfen shì mínbàn de, tígōng de
小学的寄宿学校大部分是民办的，提供的
tiáojiàn dōu hěn hǎo. Hái yǒu yìxiē shì "shuāngyǔ" xuéxiào,
条件都很好。还有一些是“双语”学校，
suǒwèi "shuāngyǔ", jiùshì shǐyòng Hànyǔ hé Yīngyǔ liǎng zhǒng
所谓“双语”，就是使用汉语和英语两种

yǔyán shòukè . Háizi zài zhèzhǒng xuéxiào xuéxí
语言授课 (give lessons)。孩子在这种学校学习
nián, Yīngyǔ shuǐpíng kěyǐ dédào hěn dà tígāo . Zài jìsù
6 年，英语水平可以得到很大提高。在寄宿
xuéxiào li , háizimen de shēnghuó hé xuéxí dōuyóu lǎoshī fùzé ,
学校里，孩子们的生活和学习都由老师负责，
shénme shíjiān zuò shénme, dōu tǒngyī xíngdòng, bù néng sīzì
什么时间做什么，都统一行动，不能私自
líkāi xuéxiào . Zài xuéxiào de sùshè li , yìbān dōu shì wǔ-liù
离开学校。在学校的宿舍里，一般都是五六
gè rén yí gè fángjiān, fángjiān li yǒu shuāngcéng chuáng , yǒude
个人一个房间，房间里有双层床，有的
zhù shàngcéng, yǒu de zhù xià céng . Wǔ-liù gè háizi zhù zài yí
住上层，有的住下层。五六个孩子住在一
gè fángjiān, miǎnbuliǎo dǎdǎ-nàonào, hùxiāng liáotiān, dànxuéxiào
个房间，免不了打打闹闹，互相聊天，但学校
guīdìng, wǎnshang bìxū shàng wǎnzìxí , xiàkè yǐhòu huídào
规定，晚上必须上晚自习，下课以后回到
sùshè , yìbān gěi bàn gè xiǎoshí huò yí gè xiǎoshí de huódòng shíjiān ,
宿舍，一般给半个小时或一个小时的活动时间，
wǎnshang diǎn bìxū guāndēng shuìjiào .
晚上 10 点必须关灯睡觉。

Zhōngxué yě shì zhèyàng . Yǒu hěn duō zhōngxué zhùsù tiáojiàn
中学也是这样。有很多中学住宿条件
búcuò , yǒude zhōngxué yǒu hǎo jǐ dòng sùshèlóu , chuángwèi
不错，有的中学有好几栋宿舍楼，床位
kěyǐ dádào duō zhāng, měi gè sùshè zhù dào gè rén .
可以达到 1000 多张，每个宿舍住 6 到 8 个人。

Sùshè guǎnlǐ rényuán měi tiān shàngwǔ jiǎnchá wèishēng qíngkuàng,
宿舍管理人员每天上午检查卫生情况，
duì hǎode jìnxíng biǎoyáng, jiǎnglì. Wǎnshang sùshè tǒngyī
对好的进行表扬、奖励。晚上宿舍统一
guāndēng xiūxi, zǎochén tǒngyī shíjiān qǐchuáng, chīfàn.
关灯休息，早晨统一时间起床、吃饭。

Jìsù de yōudiǎn yǒu yǐxià jǐ diǎn: shǒuxiān, néng duànliàn
寄宿的优点有以下几点：首先，能锻炼
xuésheng dúlì shēnghuó de nénglì. Zài xuéxiào, měi tiān
学生独立生活的能力。在学校，每天
shēnghuóshang de shì dōu bìxū zìjǐ wánchéng, bú xiàng zài jiā li
生活上的事都必须自己完成，不像在家里
dōu yóu fùmǔ lái zuò. Xuésheng zài xuéxiào jìsù yí duàn shíjiān
都由父母来做。学生在学校寄宿一段时间
hòu, shēnghuó nénglì huì míngxiǎn tígāo. Qícì, shēnghuó yǒu
后，生活能力会明显提高。其次，生活有
guīlǜ, zuò shì yǒu xiàolǜ.
规律，做事有效率。

Yǒuxiē xuésheng zài jiā li
有些学生在家里
jiāzhǎng guǎn bu liǎo, zuò
家长管不了，做
shì hěn màn, méiyǒu xiàolǜ
事很慢，没有效率
, jìsù hòu
(efficiency)，寄宿后
yīnwèi shòu huánjìng yǐngxiǎng,
因为受环境影响，

zuò shì xiàolǜ wǎngwǎng tígāo hěn duō . Zuìhòu , wǎnzìxí jiàoshì
做事效率往往提高很多。最后，晚自习教室
li hěn ānjìng , xuéxí qìfēn hǎo , zài zhèzhǒng huánjìng zhōng
里很安静，学习气氛好，在这种环境中
xuéxí , xiàoguǒ xiāngduì láishuō yào hǎo yìxiē .
学习，效果相对来说要好一些。

Zhōngguó de dàxué yě jīběn shang shì jìsùzhì . Yīnwèi
中国的大学也基本上是寄宿制。因为
Zhōngguó hěn dà , ér dàxué dōu jízhōng zài dàchéngshì , suǒyǐ
中国很大，而大学都集中在大城市，所以
hěn duō rén líkāi jiāxiāng , cóng hěn yuǎn de dìfang dào gè dà
很多人离开家乡，从很远的地方到各大
chéngshì shàngxué , xūyào jìsù . Dàxué sùshè duōshù zài
城市上学，需要寄宿。大学宿舍多数在
xiàoyuán li , zhèxiē sùshèlóu dōu shǔyú xuéxiào . Cóng dàxué yī
校园里，这些宿舍楼都属于学校。从大学一

niánjí dào sì niánjí , kěyǐ
年级到四年级，可以
yìzhí zhù zài xuéxiào . Dàxué
一直住在学校。大学
li de sùshè , dào gè
里的宿舍，4到6个
rén yí gè fángjiān , guò de
人一个房间，过的
shì jítǐ shēnghuó . Yóuyú
是集体生活。由于
tiáojiàn de xiànzhì , hěn duō
条件的限制，很多

sùshè li méiyǒuwèishēngjiān， xǐyù shèbèi， xuéshengyào shǐyòng
宿舍里没有卫生间、洗浴设备，学生要使用
gōnggòngwèishēngjiān hé gōnggòng yùshì . Xuésheng zhù zài xuéxiào
公共卫生间和公共浴室。学生住在学校
sùshè li， zhùsùfèi hěn piányi， bǐ zài wài mian zūfáng piányi
宿舍里，住宿费很便宜，比在外面租房便宜
hěnduō .
很多。

Zhōngguó de háizi， duōshù dōu jīnglì guò yíduàn shíjiān de
中国的孩子，多数都经历过一段时间的
jítǐ shēnghuó， dàjiā yìqǐ chī， yìqǐ zhù， yìqǐ xuéxí . Zài
集体生活，大家一起吃、一起住、一起学习。在
zhège guòchéngzhōng， tāmen xuéhuìle yǔ rénxiāngchǔ， xuéhuìle
这个过程中，他们学会了与人相处，学会了
zūnzhòng biéren， yě yǎngchéngle shànyú yǔ rén hézuò de liánghǎo
尊重别人，也养成了善于与人合作的良好
pǐnzhì .
品质。

策　　划：黄友义　王君校　韩　晖　付　眉
责任编辑：杨　晗
英文编辑：范逊敏　薛彧威
封面设计：何思倩

图书在版编目（CIP）数据

校园内外：汉英对照 / 李禄兴编著. -- 北京 ：华语教学出版社，2018.10
（当代中国微记录）
ISBN 978-7-5138-1638-0

Ⅰ. ①校… Ⅱ. ①李… Ⅲ. ①汉语－对外汉语教学－语言读物 Ⅳ. ①H195.5

中国版本图书馆CIP数据核字（2018）第226472号

校园内外

李禄兴　李晓岑　编著
*

华语教学出版社有限责任公司出版
（中国北京百万庄大街24号　邮政编码100037）
电话：(86)10-68320585　68997826
传真：(86)10-68997826　68326333
网址：www.sinolingua.com.cn
电子信箱：hyjx@sinolingua.com.cn
北京玺诚印务有限公司印刷
2019年（32开）第1版
2019年第1版第1次印刷
ISBN 978-7-5138-1638-0
定价：29.00元